LA DIVERSIÓN

Karen Durrie

www.av2books.com

SPANISH & ENGLISH eBOOKS
AV²
BY WEIGL™
ADDED VALUE • AUDIO VISUAL

Go to **www.av2books.com**, and enter this book's unique code.

BOOK CODE

H398385

AV² by Weigl brings you media enhanced books that support active learning.

This AV² media enhanced book gives you a fully bilingual experience between English and Spanish to learn the vocabulary of both languages.

English

Spanish

AV² Bilingual Navigation

CHANGE LANGUAGE
ENGLISH SPANISH
LANGUAGE TOGGLE

BACK NEXT
PAGE TURNING

CLOSE

HOME

PAGE PREVIEW

2

LA DIVERSIÓN

CONTENIDO

Algunos trabajadores en nuestra comunidad nos ayudan a divertirnos.

Observador de aves

Operador de atracciones

Payaso

Jardinera

Instructora de tambores

Instructor de ciclismo de montaña

Instructor de natación

Yo te enseño cómo montar en bicicleta en las cuestas, la tierra y las rocas.

Soy un instructor de ciclismo de montaña.

Yo te enseño cómo sembrar semillas para cultivar alimentos y flores.

Soy una jardinera.

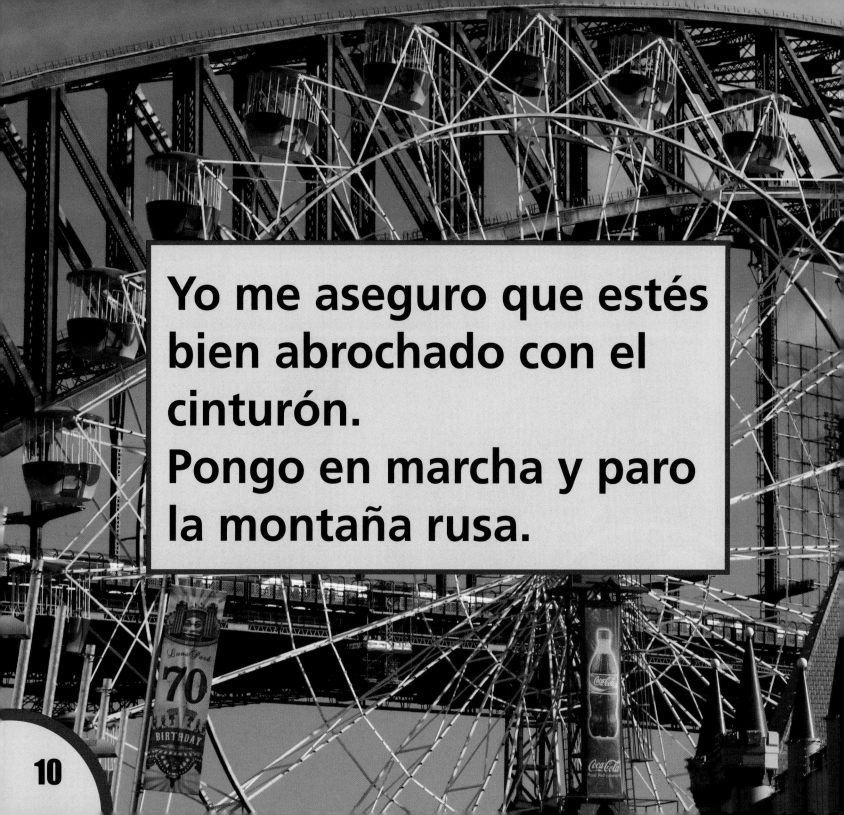

Yo me aseguro que estés bien abrochado con el cinturón.
Pongo en marcha y paro la montaña rusa.

Soy un operador
de atracciones.

Yo te enseño cómo sujetar los palillos y mantener el ritmo.

Soy una instructora de tambores.

Yo te hago reír en las fiestas.

Soy un payaso.

Yo te ayudo a ubicar aves y te doy información sobre ellas.

16

Soy un observador de aves.

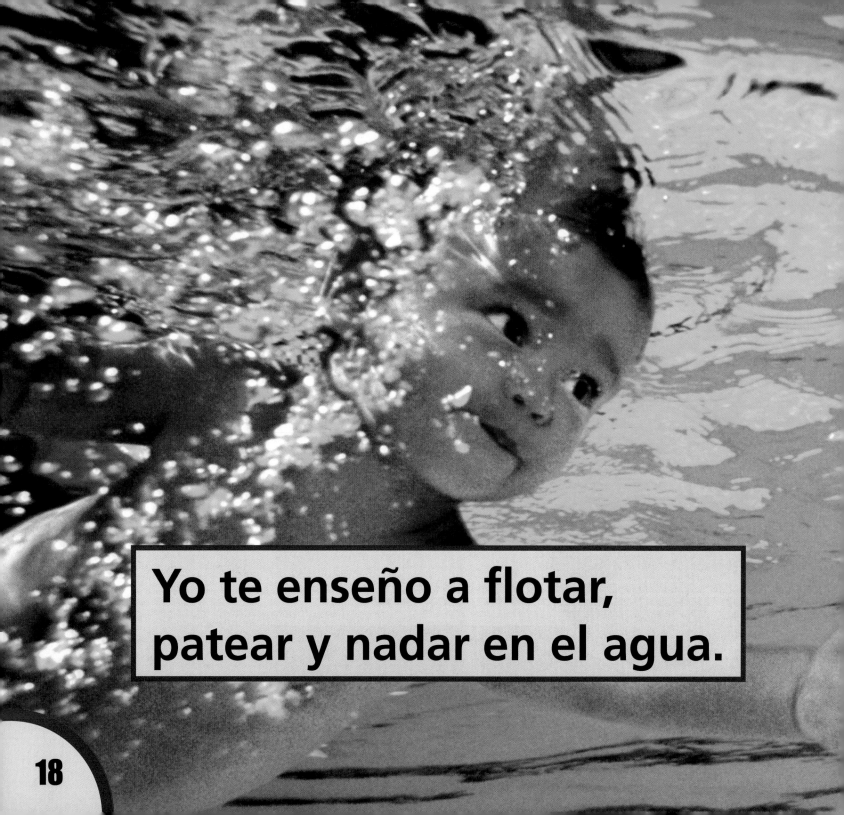

Yo te enseño a flotar,
patear y nadar en el agua.

Soy un instructor de natación.

Veo a la gente divirtiéndose en mi comunidad.

¿Qué haces tú para divertirte?

DATOS ACERCA DE LA DIVERSIÓN

Personas con intereses comunes forman una comunidad. Hay muchos trabajos que ayudan a que las personas se diviertan en su comunidad. Divertirse es una parte importante de sentirse feliz. Lee más acerca de personas que ayudan en la comunidad.

Páginas 4–5

Diversión es recreación. La recreación se hace por placer. Se puede hacer a solas o con otras personas, y puede ser pasiva o activa. Deportes, jardinería, pasatiempos, música, lectura y juegos son algunos tipos de recreación. Existen muchas carreras en la recreación.

Páginas 6–7

Hay caminos y parques para diferentes tipos de recreación. El ciclismo de montaña se practica en colinas empinadas y en terreno escabroso. También en zonas naturales o en parques especiales donde los ciclistas toman clases con instructores capacitados. En verano, cerros donde se esquía se usan para el ciclismo de montaña.

Páginas 8–9

La jardinería puede practicarse en casa o en un jardín comunitario. Escuelas y parques de barrio tienen jardines comunitarios. Ahí se reúnen los vecinos para compartir su afición a la jardinería. Se pueden compartir las flores o los alimentos que producen los jardines.

Páginas 10–11

Hay atracciones en ferias y en parques de diversiones. Hay distintos trabajos en los parques de diversiones; operadores de atracciones y juegos, mecánicos, animadores, vendedores de comida, encargados del terreno y encargados de la limpieza son algunos trabajos.

Personas de todas las edades toman clases de música. Puedes aprender a tocar tambores, guitarra, piano, flauta, violín y muchos otros instrumentos. Es importante escoger un instrumento que te gusta tocar.

La recreación también incluye los espectáculos. Los payasos, artistas y músicos son trabajadores que entretienen a la gente. Los payasos entretienen en fiestas, en comidas al aire libre y en desfiles y visitan a los niños en los hospitales para traerles alegría.

Los parques naturales, como los santuarios de aves, son una parte importante de cualquier comunidad. Enseñan a respetar la naturaleza. Le dan a la vida silvestre un lugar donde prosperar en un hábitat natural y enseñan acerca de los animales que viven cerca. Disfrutar de la naturaleza también es parte de una vida sana.

Las piscinas son lugares de aprendizaje, ejercicio y diversión. Los instructores de natación tienen un trabajo importante. Si bien la natación es divertida, también es una habilidad vital porque podría salvarte la vida.

La diversión es importante. Hacer tiempo para la diversión es parte de una vida sana. Tú decides qué es divertido. Practicar deportes, unirse a un club, ir a los juegos en un parque y andar en monopatín son cosas que divierten.

Check out av2books.com for your interactive English and Spanish ebook!

1 Go to av2books.com

2 Enter book code

H 3 9 8 3 8 5

3 Fuel your imagination online!

www.av2books.com

Published by AV² by Weigl
350 5th Avenue, 59th Floor New York, NY 10118
Website: www.av2books.com   www.weigl.com

Library of Congress Cataloging-in-Publication Data

Durrie, Karen.
 [Fun. English]
 Diversión / Karen Durrie.
    p. cm.
 Includes bibliographical references and index.
 ISBN 978-1-61913-209-2 (hbk. : alk. paper)
 1. Community life--Juvenile literature. 2. Social participation--Juvenile literature. 3. Professions--Juvenile literature. 4. Recreation leadership--Juvenile literature. I. Title.
 HM761.D8818 2012
 302'.14--dc23

                              2012018892

Printed in the United States of America in North Mankato, Minnesota
1 2 3 4 5 6 7 8 9 0 16 15 14 13 12

062012
WEP100612

Senior Editor: Heather Kissock
Art Director: Terry Paulhus

Weigl acknowledges Getty Images as the primary image supplier for this title.

24